ŒUVRE DES SANATORIUMS POPULAIRES DE PARIS

POUR

LA CURE DES TUBERCULEUX ADULTES ET PAUVRES

Siège social : 93, Boulevard Saint-Germain

LE

SANATORIUM DE BLIGNY

(*Extrait de* **La Lutte antituberculeuse,** *octobre* 1901)

PAR

Le Dr SERSIRON

MÉDECIN CONSULTANT A LA BOURBOULE

PARIS

C. NAUD, ÉDITEUR

3, RUE RACINE, 3

1902

EXTRAIT DES STATUTS

ART. 3. — L'Association se compose de membres adhérents, titulaires, protecteurs, donateurs, bienfaiteurs et fondateurs perpétuels.

§ 1. — *Sont membres adhérents* : toutes les personnes ayant adhéré aux présents statuts et ayant été agréées par le Conseil d'administration.

Le versement d'une somme de cinquante francs, ou d'une cotisation annuelle, pour chaque membre adhérent, est obligatoire ; cette cotisation ne pourra être inférieure à cinq francs par an.

§ 2. — *Sont membres titulaires* : les personnes versant une cotisation annuelle de cinquante francs, ou une somme de cinq cents francs une fois payée.

§ 3. — *Sont membres protecteurs* : les personnes qui versent une cotisation de cent francs par an, ou une somme de quinze cents francs une fois payée.

§ 4. — *Sont membres donateurs* : les personnes qui versent une cotisation de deux cents francs par an, ou une somme de trois mille francs une fois payée.

§ 5. — Toute personne qui verse la somme de cinq cents francs par an, ou fait don d'une somme de cinq mille francs une fois payée, reçoit le titre de *membre bienfaiteur* ; en versant au moins mille francs par an, ou dix mille francs une fois donnés, elle reçoit le titre de *fondateur perpétuel*.

§ 6. — Toute personne qui, par des fêtes, collectes, quêtes, etc., apporte à l'Œuvre une somme quelconque, pourra obtenir le titre de protecteur, bienfaiteur, ou fondateur perpétuel, selon l'importance de la somme par elle recueillie ; ce titre sera décerné par le Conseil d'administration.

ŒUVRE DES SANATORIUMS POPULAIRES DE PARIS

POUR

LA CURE DES TUBERCULEUX ADULTES ET PAUVRES

Siège social : 93, Boulevard Saint-Germain

LE

SANATORIUM DE BLIGNY

(Extrait de **La Lutte antituberculeuse,** *octobre* 1901)

PAR

Le Dr SERSIRON

MÉDECIN CONSULTANT A LA BOURBOULE

PARIS

C. NAUD, ÉDITEUR

3, RUE RACINE, 3

—

1902

ŒUVRE DES SANATORIUMS POPULAIRES DE PARIS

POUR

LA CURE DES TUBERCULEUX ADULTES ET PAUVRES

LE

SANATORIUM DE BLIGNY

La ville de Paris disposera dans quatre ou cinq mois d'un nouveau sanatorium populaire de 125 lits pour ses pauvres atteints de tuberculose pulmonaire. Le sanatorium de BLIGNY, construit uniquement par la bienfaisance privée, est situé dans le département de Seine-et-Oise, sur la ligne de Sceaux à Limours (station d'Orsay), commune de Briis-sous-Forges, non loin de la ravissante vallée de Chevreuse. Il est à 6 kilomètres de Forges-les-Bains (fig. 1), où l'Assistance publique possède déjà un hôpital de 200 lits pour les petits enfants scrofuleux.

Air pur, éloignement des centres habités, grands bois, campagne riante, vue étendue et fort agréable, tout se trouve réuni, comme à plaisir, pour apporter au malade qui viendra là se guérir le repos moral et physique, qui sont les meilleurs éléments de sa cure.

Le parc, de 80 hectares, est planté de futaies, de taillis et de pins. De larges allées bordées de beaux arbres le sillonnent en tous sens, tandis qu'on aperçoit, à flanc de coteau, la grande clairière où cent ouvriers pleins d'ardeur montent les constructions du futur sanatorium.

*
* *

A première vue, on remarque la disposition des bâtiments en

fer à cheval copiée sur ce qui a été fait en Allemagne, à Falkens-
tein, à Hohenhonnef; ou en France, à Angicourt et à Hauteville.
Toutefois bien des perfectionnements ont été apportés : les galeries de cure, par exemple, occupent le centre de la construction
sur deux étages, tandis que les chambres des malades sont grou-
pées de chaque côté en pavillons latéraux. Cette disposition est
imitée de celle qui a été employée à Sulzhain. Elle a le défaut
d'être un peu dispendieuse et d'éloigner les différents services
les uns des autres; mais, par contre, les galeries de cure sont

Fig. 1.

beaucoup mieux abritées du vent en même temps que très bien
ensoleillées; elles sont gaies, parce qu'elles sont claires et que la
vue s'étend au loin; enfin, elles restent plus chaudes en hiver,
plus fraîches en été, à cause de l'épaisseur des toits et des murs.

Donc, comme plan général, nous notons au sanatorium de
Bligny : deux pavillons latéraux, un droit, l'autre gauche, for-
mant un angle très ouvert et reliés par les galeries de cure. Tout
l'ensemble est orienté : Sud-Sud-Est (fig. 2).

En arrière, branché en T sur le bâtiment principal, se trouve
le pavillon des cuisines, de la salle à manger, de la salle de réunion, de l'administration et du personnel.

De vastes communs éloignés d'une centaine de mètres du sanatorium et comprenant : étables, écuries, remises, maison de garde, etc... complètent l'installation et abritent les services annexes.

La source acquise au voisinage de la propriété, habilement captée, donne de 100 à 120 mètres cubes d'eau par jour. Enfin, une petite usine dissimulée dans un pli de terrain est chargée de distribuer partout l'eau, la chaleur, la lumière. Elle met en mouvement, du même coup, les machines nécessaires à la buanderie, à la désinfection ou à l'épuration des eaux résiduaires ou des matières usées.

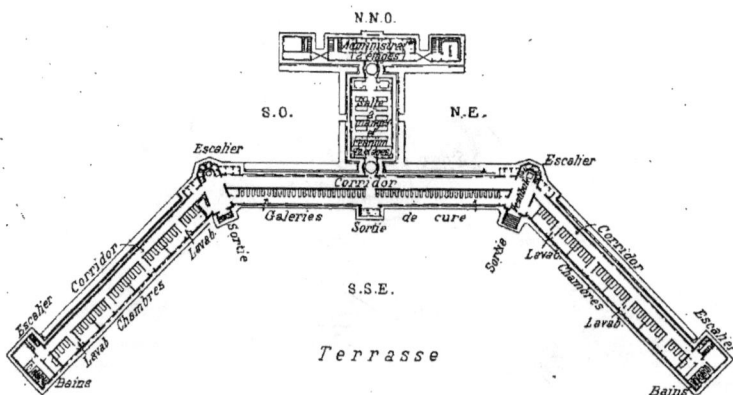

Fig. 2.

* *

Nous allons nous arrêter dans les différents bâtiments du sanatorium et suivre le malade dans les étapes de sa vie quotidienne.

Les chambres, toutes orientées au Sud, sont grandes, hautes de plafond, aérées et claires. Elles sont échelonnées le long d'un corridor qui court sur la façade Nord du sanatorium. Les angles sont arrondis, les parois absolument lisses, de manière que nulle part ne puisse séjourner la poussière. Les fenêtres au nombre de deux pour chaque chambre, sont munies d'impostes disposées spécialement pour la cure d'air permanente.

Le plancher, en ciment armé, offre une légère pente à déclivité tournée du côté de la fenêtre, de telle sorte qu'après le départ des malades, et avant que d'autres prennent leur place, tout peut être lavé et nettoyé à grande eau. Il y a trois lits par chambre et, de deux en deux chambres, une paroi vitrée rend la surveillance plus facile, tout en supprimant les inconvénients d'une chambre à six lits.

Les conduites de chaleur, de lumière ou d'eau passent, comme

Fig. 3. — Le château de Bligny.

à l'hôpital Pasteur, dans des espaces spéciaux ménagés à l'extérieur des constructions et fermés par une plaque de fonte qu'il suffit de déboulonner quand l'on veut faire une réparation quelconque ou étouffer une fuite d'eau. De deux en deux chambres, enfin, on trouve un vestibule qui leur donne accès à droite et à gauche, et qui contient un lavabo pour chaque malade. De là, on sort sur le large corridor dont nous avons déjà parlé. A chaque bout du corridor se trouvent des escaliers qui le desservent. Les chambres des infirmiers, au nombre de deux par étage, sont placées à chaque extrémité de ce corridor. Une sonnerie électrique

avec appel dans chaque chambre avertit les surveillants s'il sur-
vient quelque accident.

La galerie de cure, placée comme les chambres sur la façade
Sud (voir fig. 2), est pour ainsi dire encadrée par elles. Très
large, pour laisser libre passage entre la balustrade et le pied des
lits de repos (3ᵐ,80), elle reçoit 50 chaises longues par étage.

FIG. 4 — La grande futaie et l'entrée du parc.

Des cloisons transversales la subdivisent en logettes dont cha-
cune peut contenir 6 ou 8 malades et qui ont l'avantage d'aug-
menter l'abri contre le vent pour les personnes qui y font la cure.
Les plafonds, à double paroi, se relèvent du fond de la galerie
vers les ouvertures en manière d'auvent. Supportés de loin en
loin par des piliers de brique et des fers ajourés et peints de
couleur claire, ils sont d'un bel effet et constituent, avec les sto-
res de toile qui y sont fixés, un abri bien complet contre la pluie
ou le trop grand soleil.

Enfin, par les trop grosses chaleurs de juillet et d'août, ou
par les jours de très mauvais temps, les malades pourront faire

passer leurs chaises longues dans le couloir situé derrière les
halles à sieste, qui est à cet endroit plus large que partout ail-
leurs et percé de vastes baies. Sur ce couloir s'ouvre à la partie
centrale, au premier, la salle à manger, et au second, la salle de
réunion.

Comme les autres pièces, la salle à manger est bien claire et

Fig. 5. — La mare aux cerfs.

gaie. L'air y circule partout et, de sa place, tout en prenant son
repos, le malade jouira d'une très belle vue sur la campagne en-
vironnante et sur les allées du parc. L'ennui est le pire ennemi
du tuberculeux qui veut guérir; c'est pour cela qu'on a cherché
à Bligny à tirer parti du site merveilleux de la propriété pour
que, partout dans la maison, le malade ait sous les yeux les
paysages riants des environs et la verdure des arbres.

La salle de réunion, placée au-dessus de la salle à manger,

contiendra des livres et des jeux tranquilles. Elle pourra servir au culte le dimanche comme la salle de réunion pourra servir de chapelle.

Nous ne dirons rien de la cuisine, qui est cependant l'endroit le plus important d'un sanatorium, puisque c'est là que le malade va puiser ses meilleures armes pour lutter contre le bacille. Il faudrait entrer dans des détails trop techniques pour montrer avec quel soin on a su profiter des plus récents perfectionnements de l'outillage, en vue de la propreté la plus parfaite et de

Fig. 6. — Le petit Fontainebleau.

l'économie la plus méticuleuse. Il en est de même pour les services accessoires et le pavillon d'administration. Pour cela, comme pour tout, on s'est inspiré beaucoup des documents si nombreux et si importants apportés par l'Allemagne à l'Exposition de 1900. Les services accessoires : bains, douches, infirmerie avec salles d'isolement, etc. ont été rejetés à l'extrémité des pavillons latéraux et mis à l'écart de la circulation des malades et du personnel.

Telle est, esquissée dans ses grandes lignes, la description rapide du premier sanatorium de l'œuvre des sanatoriums popu-

I.

laires de Paris. Pour être complet, il faudrait parler du service médical, des laboratoires, des appareils à désinfection et les détails de ces différentes choses si importantes nous entraîneraient hors du cadre de cette rapide étude.

Nous devons, en terminant la visite du sanatorium, rendre hommage au dévouement et à la générosité de l'architecte, M. Lucien Magne, professeur à l'école des Beaux-Arts et à l'école des Arts

Fig. 7. — Sous-bois dans le parc de Bligny.

et Métiers, qui dépense sans compter son temps et son activité pour mener à bien cet établissement modèle.

* *

On ne se doute guère des difficultés de toute sorte que l'on rencontre avant de poser la première pierre d'un sanatorium comme celui de Bligny. Démarches multipliées, difficultés matérielles, difficultés légales, retards administratifs, tout semble s'accumuler en obstacles insurmontables sur la route de ceux qui cherchent à fonder une œuvre philanthropique.

Aussi je voudrais, avant d'aller plus loin et de décrire le fonctionnement du sanatorium, jeter un coup d'œil sur le passé et rappeler la genèse de notre société et ses primes débuts. On éprouve toujours quelque plaisir à regarder le mauvais pas que l'on vient de franchir.

C'est chez le P⁺ GRANCHER, qu'après la séance du Congrès de la tuberculose de 1898 où l'œuvre fut fondée, nous tînmes nos

FIG. 8. — Vue de la campagne prise du chemin de ronde.

premières réunions. Nous étions sept et nos ressources se composaient de 350 francs. C'était maigre pour construire et faire vivre un hôpital de 125 malades ; mais tous, nous avions confiance dans la nécessité de l'œuvre nouvelle, et nous avions cette conviction enthousiaste qui persuade et qui convertit.

MM. les Dʳˢ GRANCHER, BRISSAUD, FAISANS, LEGENDRE, LETULLE, BARTH furent les premiers défenseurs de notre cause à laquelle se rallièrent immédiatement les Dʳˢ LANDOUZY et MERKLEN et les projets commencèrent.

Les statuts furent d'un enfantement difficile ; nous pataugions dans le maquis des lois. Il fallait trouver une formule qui fît de l'œuvre une personne morale susceptible de posséder, d'acheter, de vendre, et surtout de recevoir. Suivant les conseils de notre excellent notaire et de notre ami Mᵉ Decloux, tout dévoué à notre œuvre et après bien des pourparlers, bien des hésitations, on résolut de constituer une « société anonyme à forme commerciale » et à capital restreint. Dans notre pensée, cette modalité d'association qui nous conférait, dès le jour de la constitution définitive et normale de la société anonyme, les avantages que nous cherchions, allait permettre à l'œuvre de se développer peu à peu, jusqu'au moment où, riches des dons reçus, nous posséderions un actif et un patrimoine suffisants pour nous présenter à la reconnaissance d'utilité publique. Autrement dit, la « *société* » allait prêter à l'« *œuvre* » le manteau des avantages que lui conférait la forme commerciale, jusqu'au moment où cette dernière n'en aurait plus besoin, ayant acquis la force nécessaire pour obtenir ses droits légaux à l'existence, c'est-à-dire jusqu'à la reconnaissance d'utilité publique. Ce jour-là la « *société* » devenant inutile, se dissolvait en faisant apport de tous ses biens de toute nature à l'« *œuvre* » qui, désormais, persistait seule.

Ces combinaisons paraissent assez compliquées, mais en réalité elles le sont bien plus encore que je ne le décris ici ; et souvent nous nous disions, au cours des réunions qui nous rassemblaient : « Combien il est difficile de faire quelque chose en France et que l'initiative des particuliers est entravée dans son élan par toute cette procédure chicanière et pointilleuse ! » Pendant ces études et ces discussions, notre Comité médical s'était accru : MM. les Dʳˢ Besnier, Amodru, Dreyfus-Brissac, Rendu, Hérard, Terrier, Thibierge étaient venus s'y joindre, puis M. le Pʳ Brouardel, en remplacement du Pʳ Potain, le regretté président que nous venions de perdre. Chacun se mit en devoir de trouver dans son entourage et ses relations les personnes qui allaient travailler au succès de l'entreprise et à l'exécution de nos projets. Petit à petit se recrutaient des hommes de bonne volonté ; mais l'argent n'avait pas augmenté dans notre bourse : il restait 150 francs environ, et nous avions à payer notre imprimeur, nos frais de bureau, à envoyer des circulaires, etc., il fallait aviser. Profitant de mon séjour à La Bourboule, je mis le casino à contribution ; et la kermesse que nous y organisâmes produisit, en bénéfice net, la somme de 3 500 francs : ce fut le début de notre fortune.

A la rentrée de l'année 1899, la première partie de notre programme s'exécuta et la « Société anonyme fut fondée ». M. Charles Despeaux plaça dans le berceau de la nouvelle venue le magnifique présent de 100 000 francs, en cadeau de joyeux Noël. Cela nous porta bonheur.

L'année qui s'ouvrait devait être féconde en événements. Quelques jours après, en effet, le Conseil d'administration se formait et les souscripteurs s'inscrivaient sur nos listes pour plus de 220 000 francs.

Le prince A. d'Arenberg devenait président de la Société ; M. P. Mirabaud nous apportait avec son amour des pauvres sa science consommée des affaires ; MM. R. Fouret, Cottin, Boivin, le comte de Montalivet nous donnaient leurs plus dévoués concours et M. Naquet-Radiguet ses avis de jurisconsulte éclairé.

L'assemblée générale des actionnaires fut réunie pour la première fois en décembre 1900, la société déclarée régulièrement constituée, toutes les formalités remplies. Le temps était venu d'agir, d'acheter une propriété et d'entreprendre les constructions.

Je ne raconterai pas nos pérégrinations dans les environs de Paris, nos voyages à Gisors, à Luzancy, à Lagny-sur-Marne.

Les recherches durèrent trois mois.

Il n'est pas facile de trouver un grand clos, orienté au Midi, avec de beaux arbres, un sol perméable et de l'eau en abondance et de bonne qualité. Quand nous découvrîmes Bligny, toutes les conditions étaient remplies, l'eau seule manquait. On nous proposait de faire un puits à travers une couche de 60 mètres de sable, c'était le seul moyen, nous disait-on, de nous procurer la quantité d'eau désirée. Moyen bien peu pratique et qui nous paraissait tout à fait incertain, tellement incertain que nous étions sur le point de reprendre nos recherches.

Par un hasard inespéré, le propriétaire, à bout d'argument, nous invita à visiter un champ assez éloigné où les paysans prétendaient qu'on trouverait une source. Il y avait là une flaque croupissante que nous acquîmes au prix de 500 francs. Quinze jours après, nos puisatiers avaient pratiqué un captage grossier et la flaque s'était transformée en une claire fontaine dont le premier essai accusait un débit de 80 mètres cubes par 24 heures.

(Il est actuellement de 120.) L'eau, analysée à l'École des mines, était potable et d'excellente qualité; une fois encore la chance nous favorisait. Le château et le parc de Bligny furent donc acquis et livrés aux démolisseurs et aux maçons.

*
* *

Les achats de terrain, l'élaboration et l'étude des plans du sanatorium ne nous laissaient cependant pas perdre de vue que la société n'était qu'un prête-nom. Il devenait utile d'organiser tous les rouages de l'œuvre qui se substituerait à elle le jour de la reconnaissance d'utilité publique; il devenait urgent de gagner à la cause de nos malades des dames patronnesses qui fourniraient par leurs cotisations annuelles, sinon la totalité, du moins une grosse partie des fonds d'entretien et de fonctionnement du sanatorium. Une conférence, faite par le Dr Letulle chez Mme la comtesse FOUCHER DE CAREIL et au succès de laquelle Mlle BLAZE DE BURY ne fut pas étrangère, créa, au mois de juin 1900, le noyau du comité des dames patronnesses. Mmes la comtesse ALIX DE POMEREU, baronne LA CAZE, Mmes FENAILLE, BULOZ, BOURSY, BERGERAND, duchesse de LA MOTHE-HOUDANCOURT, la comtesse A. DE POMEREU, la vicomtesse DE VERNEAUX s'inscrivirent tout d'abord. La propagande de ce comité ne tarda pas à manifester son heureuse influence et la liste des adhésions nouvelles s'allongeait chaque jour.

Aussi, afin de donner un centre à cette propagande, avons-nous dû louer un bureau pour qu'à chaque heure du jour, toute personne puisse venir se renseigner sur l'œuvre des sanatoriums populaires de Paris. Et nous nous sommes installés *au 93 du boulevard Saint-Germain* (fig. 9), dans une boutique où sont déposés nos registres, nos fiches, notre comptabilité et nos archives. Mme Boisson, qui y reste en permanence, y accomplit sa tâche avec un dévouement constant autant que modeste, et classe méthodiquement tous les noms, toutes les lettres, tous les documents, à mesure qu'ils lui parviennent.

A l'heure où j'écris, nous sommes à la tête de 25 000 francs de cotisations annuelles. C'est peu, si l'on songe aux frais ordinaires d'un hôpital de 120 lits; mais le passé nous permet d'escompter l'avenir et je ne doute pas qu'avec le zèle de nos dames patronnesses que j'ai vu à l'épreuve, avec le concours des mutualités, avec celui des administrations, des grands industriels, de tous ceux qui payent pour leurs employés tuberculeux curables d'inutiles journées d'hôpital, nous n'arrivions à compléter la somme indispensable au bon fonctionnement de Bligny.

Les démarches faites à la préfecture de police, au ministère de l'intérieur et au conseil d'État sont sur le point d'aboutir; avant deux mois, nos longs efforts auront certainement reçu la consécration officielle de la reconnaissance d'utilité publique et nous

Fig. 9. — Le bureau du 93, boulevard Saint-Germain.

serons à même de donner en toute liberté un nouvel essor à la lutte entreprise contre la tuberculose chez le Parisien adulte et pauvre.

* *

J'aurais à décrire le rôle multiple de l'œuvre qui ne se contentera pas de soigner le malade, mais viendra encore en aide à sa famille, s'occupera de donner au convalescent un métier sain et de le placer à sa sortie du sanatorium, et ce ne serait pas le côté profondément social le moins intéressant à développer; mais je préfère laisser parler les faits et revenir sur ce sujet quand le temps sera échu.

*
* *

Il me reste à résumer en quelques lignes la manière dont fonctionnera le sanatorium. Bien que rien ne soit définitivement fixé à ce point de vue, nous partons de ce principe : *que toute œuvre, pour être durable, doit autant que possible trouver ses ressources en elle-même.* Aussi nous comptons faire donner par le malade ou par ses répondants (assistance publique, s'il est indigent, œuvre privée, patron et administration, s'il est nécessiteux) un prix de journée équivalent aux 3/5èmes de notre dépense, le reste étant payé par la caisse de l'œuvre.

Le sanatorium sera achevé au printemps de 1902 et ouvert aussitôt. Il recevra 125 hommes, en attendant que le second pavillon de 125 lits destinés aux femmes soit terminé.

Un règlement intérieur sévère déterminera les attributions du personnel et présidera à la discipline qui sera rigoureuse tout en restant paternelle.

Quant au recrutement des malades, il sera fait par la commission médicale d'admission, soit dans les dispensaires antituberculeux, soit dans les bureaux de bienfaisance, soit dans les hôpitaux. Il est bien entendu que seuls seront admis les tuberculeux considérés comme curables, les autres devant être assistés par les dispensaires.

En somme, nous tendrons toujours à ce but : faire le plus de bien possible avec le minimum de dépense. Tout dans la construction du sanatorium, aussi bien que dans son administration, a été et sera inspiré par cette idée.

Nous prévoyons un déficit annuel d'une centaine de mille francs pour un mouvement de 350 à 400 malades par an, la cure étant de quatre mois.

Si l'on songe au sort lamentable du tuberculeux privé de ressources, qui est dans l'impossibilité d'aller chercher l'air pur de la campagne, c'est-à-dire la guérison, pourtant si proche, je ne doute pas que de généreux philanthropes ne nous aident de tous côtés à terminer la tâche si bien commencée.

Dr SERSIRON

ÉTAT DES TRAVAUX DU SANATORIUM DE BLIGNY
au 20 novembre 1901.

Fig. 10. — Aile gauche du sanatorium et vue sur la campagne.

Fig. 11. — Vue de la galerie de cure et de l'aile gauche du sanatorium.

Fig. 12. — Façade du pavillon central tournée au sud.

Fig. 13. — Dans la galerie de cure.

Fig. 14. — Vue postérieure du pavillon central.
En arrière se trouve la grande futaie qui abrite le sanatorium des vents du Nord.

Fig. 15. — Bâtiment central. Le plancher de la salle à manger se trouve posé.

C. NAUD, Éditeur, 3, Rue Racine, Paris 6º

Tous les ans, la Tuberculose tue 150.000 personnes en France,
population égale à celle de Rouen ou de Nantes.

LA LUTTE ANTITUBERCULEUSE

(L'ŒUVRE ANTITUBERCULEUSE)

BULLETIN TRIMESTRIEL

DES SANATORIUMS POPULAIRES ET DES SOCIÉTÉS DE BIENFAISANCE FONDÉS EN FRANCE
POUR COMBATTRE LA TUBERCULOSE ET ASSISTER LES TUBERCULEUX PAUVRES

Directeurs : MM. les Dᵣˢ SERSIRON et DUMAREST

Prix de l'abonnement : France, 5 fr. — Étranger, 6 fr.

LA TUBERCULOSE

CONSIDÉRÉE COMME

MALADIE DU PEUPLE

Des moyens de la combattre

Par le Dᵣ S.-A. KNOPF de New-York

TRADUIT ET ANNOTÉ

Par le Dᵣ G. SERSIRON

Membre consultant à La Bourboule

Membre correspondant du Bureau central international allemand pour la lutte contre la tuberculose
Lauréat de l'Académie et de la Faculté de médecine

PRÉFACE DE M. LE PROFESSEUR BROUARDEL

Un volume in-8 couronne de 93 pages, avec 18 figures, broché . . . . . 0 fr. 50

LE SANATORIUM FRANÇAIS

SA POSSIBILITÉ, SON ORGANISATION

Par le Dᵣ H. GRILLOT, de l'Université de Paris

Un vol. in-8 raisin de 332 p., avec 57 fig. dans le texte et 3 pl. hors texte, broc . . 10 fr.

LA CURE PRATIQUE DE LA TUBERCULOSE

Par le Dᵣ P. PUJADE, d'Amélie-les-Bains

PRÉCÉDÉE D'UNE LETTRE PRÉFACE

Par E. BOIRAC

Docteur ès lettres, recteur de l'Académie de Grenoble

Un volume in-8 couronne de xx-372 pages . . . . 3 fr. 50

LA TUBERCULOSE EST CURABLE

MOYENS DE LA RECONNAITRE ET DE LA GUÉRIR

INSTRUCTION PRATIQUE A L'USAGE DES FAMILLES

Par le Dᵣ Élisée RIBARD

Membre du Conseil d'hygiène du seizième arrondissement, attaché au service des Tuberculeux
à l'hôpital Boucicaut

Avec Préface du Dᵣ Maurice LETULLE

Professeur agrégé, médecin en chef de l'hôpital Boucicaut

Un volume petit in-8 de 172 pages, avec figures et 14 planches hors texte . . . . 2 fr.

LES SANATORIA

TRAITEMENT ET PROPHYLAXIE DE LA PHTISIE PULMONAIRE

Par le Dᵣ S.-A. KNOPF

De la Faculté de Paris et de Bellevue hospital medical college (New-York)

Deuxième édition

Un volume in-8 jésus de 496 pages, avec 92 figures, cartonné à l'anglaise . . . . 22 fr.

CHARTRES. — IMPRIMERIE DURAND, RUE FULBERT.

www.ingramcontent.com/pod-product-compliance
Lightning Source LLC
Chambersburg PA
CBHW050433210326
41520CB00019B/5916